Estrategias Con Futuros

© Copyright 2018 por Wayne Walker, todos los derechos reservados.

Este libro fue escrito con la meta de proveer información tan precisa y confiable como sea posible. Se debe consultar con profesionales antes de realizar cualquiera de las acciones documentadas en este libro.

Esta declaración es considerada justa y válida tanto por el American Bar Association como por el Committee of Publishers Association y es legalmente vinculante en todo Estados Unidos.

Además, la transmisión, duplicación o reproducción de cualquiera de los siguientes documentos, incluida la información precisa, será considerado un acto ilegal, independientemente de si se realiza de forma electrónica o impresa. La legalidad se extiende a la creación de una copia secundaria o terciaria del documento o una copia grabada y solo se permitirá con el consentimiento expreso por escrito del Editor. Todos los derechos adicionales están reservados.

La información en las siguientes páginas se considera en general como una descripción verídica y precisa de los hechos, y como tal, cualquier falta de atención, o uso indebido de la información en cuestión por el lector representará cualquier acción resultante exclusivamente bajo su responsabilidad. No hay escenarios en los que el editor o el autor de este documento pueda ser considerado responsable de las dificultades o daños que pueda sufrir después de realizar la información aquí descrita.

Índice

Introducción 4
Capítulo 1: Perpectivas del mercado de Futuros 5
Capítulo 2: Productos de Futuros 10
Capítulo 3: Fechas de Contratos, Intercambios y Excedentes 12
Capítulo 4: Proveedores de productos 18
Capítulo 5: Estacionalidad y mercados de Futuros 22
Capítulo 6: Mercado de Futuros Usando Múltiples Gráficos Temporales 27
Capítulo 7: Análisis del Intermarket 38
Capítulo 8: Estrategias de Spread 43
Capítulo 9: Diversificación 49
Capítulo 10: Fondos de inversiones cotizados 53
Conclusion 58
Perfil del Autor 59

Introducción

Felicitaciones por adquirir su copia personal de Estrategias Con Futuros. Este libro garantizará que esté equipado con todo lo necesario para comenzar a utilizar los contratos del futuros como un instrumento de trading. Examinaremos técnicas comprobadas de entrada en el comercio de futuros junto con la estrategia de análisis técnico necesaria para ejecutarlas.

El libro principalmente trata sobre el comercio de futuros, sin embargo, el mercado de futuros puede, y con frecuencia lo está, estar influenciado por otros mercados. En los capítulos posteriores veremos estos mercados de forma individual y en el último capítulo se presentarán los fondos de inversión cotizados (ETF), uno de los productos más importantes y útiles creados para los inversionistas individuales en los últimos años.

Hay muchos libros en el mercado sobre este tema, gracias por elegir este.

Capítulo 1:
Perpectivas del mercado de Futuros

Probablemente haya escuchado de amigos o en los medios de comunicación para traders que se benefician del mercado de futuros y puede haberse preguntado si también podría beneficiarse de estas fluctuaciones globales de precios globales. La respuesta es sí, usted también puede participar en el mercado de futuros con una cuenta de trading.

El mercado de futuros es emocionante y variado porque le permite negociar contratos de futuros de todo tipo, desde algodón y azúcar hasta tasas de interés y energías. No está limitado a un solo sector de la economía global ni a fuertes períodos económicos. Como trader, puede ganar dinero cuando los precios suben y también cuando los precios bajan en el mercado de futuros.

Contrato de Futuros

La base del mercado de futuros es el contrato de futuros. Para participar en el mercado de futuros, debe comprender qué es un contrato de futuros y cómo funciona. Comencemos con una definición básica y luego pasaremos a una comprensión más profunda de los contratos y cómo puede beneficiarse de ellos. Un contrato de futuros es un contrato entre un comprador y un vendedor en el que el vendedor acuerda entregar una mercancía o activo al comprador en una fecha específica por un precio específico.

Contratos

Los compradores y vendedores crean contratos de futuros. Esto puede parecer extraño al principio si está familiarizado con las acciones comerciales que son emitidas por compañías que determinan el número de acciones disponibles. Los contratos de futuros son diferentes de las acciones del mercado de valores. Si bien hay un número finito de acciones del mercado de valores disponibles, en contraste, hay un número infinito disponible de posibles contratos de futuros. Mientras haya un comprador y un vendedor, juntos pueden crear un contrato de futuros.

En el mercado de futuros se registran cuántos contratos se crean y se enumera la cantidad como un volumen. El volumen le indica cuántos contratos son creados para cada producto disponible durante cada período comercial. Por ejemplo, si estuviera viendo el contrato de futuros de gas natural y vio que tiene un volumen de 75,000, entonces sabría que ese día se crearon 75,000 contratos de futuros de gas natural.

El volumen puede revelar mucho sobre lo que está sucediendo con un contrato de futuros y la cantidad de personas que lo están negociando, pero no le proporciona una perspectiva completa ya que no todo el volumen proviene de los operadores que abren nuevas operaciones. Una cantidad considerable del volumen total es generada por los traders que ya están en operaciones y quieren salir de ellas.

Los traders de futuros que están en un contrato y quieren salir de él, tendrán que crear un nuevo contrato para compensar el otro del cual están saliendo.

Como un trader de futuros, debe tener en cuenta no solo cuántos contratos se han creado, sino también cuántos de ellos permanecen activos. Un alto volumen y un interés abierto son señales de una buena liquidez en el mercado, lo que significa que debería ser muy fácil ingresar y salir rápidamente de sus propias transacciones a un pequeño margen de costo entre la oferta y el precio de venta. El volumen bajo e interés abierto son señales de una mala liquidez en el mercado, lo que significa que probablemente será difícil ingresar y salir rápidamente de sus transacciones a un buen precio.

Oferta y Precio

Echemos un vistazo a los compradores y vendedores de contratos. Los contratos de futuros se cotizan en dos precios: un precio de oferta y un precio de venta. El precio de oferta es el precio que recibe cuando vende su contrato de futuros. El precio de venta es el precio que se ofrece cuando desea comprar un contrato de futuros. El precio de oferta siempre será más bajo que el precio de venta, y la diferencia entre los dos se llama margen. Cuando un contrato tiene un volumen bajo, el margen entre la oferta y la venta será amplio. Cuando un contrato de futuros tiene un gran volumen, el margen entre la oferta y la venta será pequeño. Como trader de futuros, o uno en general, deseara que el margen sea lo más pequeño posible.

Puede ser un comprador o un vendedor de contrato de futuros. El mercado de futuros ofrece una gran flexibilidad para comprar o vender. Siempre que haya alguien en el otro lado dispuesto a vender un contrato que quiera comprar, o comprar un contrato que quiera vender, puede crear el contrato.

Posiciones largas y cortas

Dos términos que escuchará a menudo cuando realice compra y venta de contratos de futuros son largo y corto. Ir largo en un contrato significa comprar el contrato. Corto en un contrato significa vender el contrato.

Por lo general, los traders de futuros buscan comprar un contrato cuando creen que el precio va a subir, y vender cuando creen que el precio bajará. Su trabajo como trader de futuros es determinar en qué dirección cree que se moverá el precio y se negociará.

Los precios de los contratos de futuros fluctúan diariamente y algunos tienen limitada la distancia que puede moverse el precio en un período de negociación. Los contratos de futuros con las reglas de fluctuación de precio máximas aplicadas a ellos, detendrán la negociación si el precio se mueve demasiado en una dirección.

Los contratos de futuros también tienen lo que se conoce como umbral de límite superior e inferior. Si el precio del contrato de futuros sube demasiado alto o bajo, la negociación de ese contrato se detendrá durante unos minutos para permitir que el intercambio determine si el comercio debe continuar ese día o si debe detenerse para evitar el pánico en los pisos de negociación.

Coberturistas y Especuladores

Los compradores y vendedores de contratos de futuros generalmente se dividen en dos grupos: coberturistas y especuladores.

Los coberturistas son traders que utilizan contratos de futuros para cubrir los riesgos que enfrentan al tratar con productos subyacentes (por ejemplo, un productor de trigo) y los cambios de precios asociados a ello.

Los especuladores son traders que utilizan contratos de futuros para especular y, con suerte, obtener ganancias de los cambios de precios en los productos subyacentes. En general, los especuladores NO tratan con los productos subyacentes cubiertos por el contrato de futuros en sus actividades diarias. Lo más probable es que caiga en esta categoría de trader de futuros.

Los especuladores compran contratos de futuros sobre productos que creen que van a aumentar en valor y venden contratos de futuros sobre productos que creen que van a perder valor. Los especuladores juegan un papel importante en el mercado de futuros. Proporcionan liquidez a los coberturistas que buscan compensar su riesgo. Los especuladores se arriesgan cuando entran en una transacción. En pocas palabras, los coberturistas traspasan sus riesgos a los especuladores que esperan beneficiarse de ellos.

Ahora que tiene una comprensión básica de quiénes son los compradores y vendedores en el mercado de futuros, echemos un vistazo a los productos que estos compradores y vendedores están negociando.

Capítulo 2:
Productos de Futuros

Cuando muchas personas piensan en el mercado de futuros de productos, piensan en comerciar café o jugo de naranja. Si bien estos productos se comercializan en los mercados de futuros, constituyen una pequeña porción de la actividad comercial. Hoy en día, los contratos de petróleo, los contratos de gas natural, los contratos de tasas de interés, los granos y otros dominan el mercado de futuros.

El mercado de futuros ofrece una amplia y diversa gama de contratos que puede negociar. Puede beneficiarse de la caída de los precios del petróleo y puede aprovechar una moneda en alza. Puede dividir los contratos de futuros disponibles en dos categorías: productos de futuros y financieros.

Los futuros de productos son contratos de futuros que se basan en un producto físico que puede aumentar, crecer, extraer y transportar de un lugar a otro. Los futuros de productos comprenden los siguientes sectores:

- Agricultura
- Metales Básicos
- Energías
- Carnes
- Metales preciosos
- Productos blandos

Los futuros financieros son contratos de futuros que se basan en productos financieros como bonos e índices bursátiles. Los futuros financieros comprenden los siguientes sectores de futuros:

- Bonos
- Monedas
- Tasas de interés a corto plazo
- Índices Bursátiles

Dentro de cada uno de estos sectores encontrará contratos que van desde el azúcar y los granos de soja hasta la plata y el cobre, y cada contrato tiene una personalidad única. Cubriremos varios de estos sectores y los contratos dentro de ellos en capítulos posteriores.

Capítulo 3:
Fechas de Contratos, Intercambios y Excedentes

Cada contrato de futuros tiene una fecha específica en la que expira y un precio específico al cual el vendedor debe proporcionar el producto y el comprador debe pagar por ello. Vamos a echar un vistazo a las fechas involucradas en un contrato, y luego vamos a echar un vistazo a la entrega real del producto subyacente.

Los contratos de futuros tienen tres fechas clave de las cuales necesita estar familiarizado: Fecha de aviso, Fecha de vencimiento, Fecha de entrega.

La fecha de Aviso es el primer día en que el vendedor de un contrato de futuros puede dar al comprador del contrato un aviso de que espere la entrega del producto. Por ejemplo, si vende un contrato de futuros de cobre, puede notificar al comprador del contrato que le entregará el cobre. En realidad, no hará esto, sino que compensará sus contratos antes de aceptar la entrega.

La fecha de vencimiento es el día en que expira el contrato de futuros. También es el último día de negociación del contrato. Los contratos de futuros vencen cada mes, sin embargo, no todos los productos se negocian de forma mensual, pero siempre hay algunos contratos de productos disponibles cada mes. Debe verificar el producto específico que está negociando para ver cuándo expira el contrato.

Cada contrato de futuros tiene un símbolo único que le indica cuál es el producto y cuándo vence el contrato. Cada símbolo se divide en tres partes: la identificación del producto, el mes de vencimiento y el año de vencimiento. Por ejemplo, el símbolo para un contrato de petróleo crudo que expira en julio de 2017 es CLN17. CL representa el producto, N representa el mes de vencimiento, 17 representa el año de vencimiento.

Los símbolos de los productos mensuales:

F   Enero

G   Febrero

H   Marzo

J   Abril

K   Mayo

M   Junio

N   Julio

Q   Agosto

U   Septiembre

V   Octubre

X   Noviembre

Z   Diciembre

La fecha de entrega es la última fecha en la cual el producto debe ser entregado por el vendedor al comprador. La fecha de entrega también se conoce como la fecha de liquidación. Sin embargo, el vendedor no tiene que esperar hasta la fecha de entrega para entregar el producto. El vendedor puede entregar en cualquier momento durante el período de entrega, el período comprendido entre la primera fecha de aviso y la fecha de entrega.

Nuevamente, no hay necesidad de preocuparse por la entrega o recepción de un producto que esté negociando. Debe compensar sus posiciones antes de que expiren sus contratos. De hecho, la mayoría de los traders, tanto especuladores como coberturistas, compensan sus posiciones. En realidad solo un pequeño porcentaje de los contratos de futuros van a la entrega.

Es importante saber que hay dos tipos de entrega en contratos de futuros: entrega física y entrega liquidada en efectivo. La entrega física ocurre cuando el comprador recibe el producto del contrato. La entrega liquidada en efectivo ocurre cuando, en lugar de intentar recibir un activo intangible como el S&P 500, el comprador recibe el equivalente en efectivo de lo que valdría el activo.

Ahora tiene la información básica que necesita para comprender qué es un contrato de futuros. Veamos dónde y cómo realmente negociamos un contrato de futuros.

Corretaje a Futuros

Un corredor de futuros o un banco son su portal al mercado de futuros. Su corredor de futuros le brinda acceso a una plataforma de negociación y una cuenta que le permite comprar y vender contratos. También le proporciona las herramientas que necesitará para investigar y monitorear sus operaciones.

Mercado de Futuros

Cuando realiza una transacción para comprar o vender un contrato, su banco o corredor de bolsa lo envía a un mercado de futuros para su ejecución. En el pasado, su transacción se habría enviado a la sala de negociación de la bolsa para cualquier contrato que estuviera negociando. Los operadores de piso negociarían los precios y su transacción se realizaría. Algunas transacciones aún se ejecutan en salas de transacciones físicas, en la actualidad se ejecutan más en línea de una forma electrónica. Un software complejo combina compradores con vendedores y ejecuta transacciones en fracciones de segundo. Avances tecnológicos como estos han hecho que el comercio sea más eficiente.

Aquí hay una lista de algunos de los mercados en los que puede comerciar:

Chicago Board of Trade (CBOT), via ECBOT

Chicago Mercantile Exchange (CME), via GLOBEX

New York Mercantile Exchange (NYMEX), via GLOBEX

New York Board of Trade (NYBOT), via ICE NYBOT

GLOBEX

Eurex

Euronext

ICE

Borsa Italiana

London International Financial Futures Exchange (LIFFE)

Spanish Official Exchange (MEFF)

OMX Stockholm (SSE)

Ahora que sabe dónde puede negociar contratos de futuros, veamos cómo realmente realizara sus transacciones.

Requerimientos para el Margen

Para muchos, uno de los conceptos más difíciles de entender como nuevo trader es el concepto de margen. Cuando negocia un contrato de futuros, no paga el valor total del producto subyacente por adelantado como lo haría al negociar con acciones. En su lugar, realiza una transacción y deposita su margen con su corredor de futuros verificando que tiene suficiente dinero para cubrir cualquier pérdida que pueda tener con esa transacción.

Por ejemplo, para comprar un contrato de futuros de petróleo de 1,000 barriles, en lugar de tener que pagar $ 50,000 por 1,000 barriles (a una tasa de mercado de $ 50 por barril) por adelantado, solo necesitaría $ 3,500 (para propósitos del ejemplo) en su Cuenta como margen. Esto le permitirá soportar pérdidas en esa transacción en caso de producirse.

El margen que reserva cuando ingresa a una transacción se llama margen inicial. Después de ejecutar una transacción, es posible que no necesite mantener el mismo nivel de margen. Cuando está en una transacción, solo necesita cumplir lo que se denomina su requerimiento de mantenimiento de margen, que, dependiendo del intercambio, suele ser menor. El margen de mantenimiento es la cantidad de dinero que debe reservar para permanecer en una transacción. En nuestro ejemplo de petróleo, su requerimiento de mantenimiento de margen solo sería de $ 3,000, en comparación con el requisito inicial de margen de $ 3,500.

Los requerimientos de margen son establecidos por las cámaras de compensación de futuros. Los requerimientos de margen tampoco son fijados de forma permanentemente. Las casas de cambio /

compensación pueden ajustar los requisitos mínimo de margen en cualquier momento. Su corredor puede aumentar sus requisitos de margen si lo desea. Su corredor también puede emitir lo que se conoce como una llamada de margen si sus niveles caen por debajo de los mínimos aceptables en función de las pérdidas que ha acumulado en sus transacciones o aumentos en los requerimientos de margen. Si recibe una llamada de margen, debe depositar más dinero en su cuenta para cubrir sus obligaciones.

Una vez que haya cumplido con el requerimiento de margen, puede ingresar a su transacción. Puede comprar o vender contratos de futuros utilizando una orden de mercado o de límite. Una orden de mercado es una orden de compra o venta que instruye a su corredor para que realice la transacción a la tasa actual del mercado. Una orden de límite es una orden de compra o venta que le indica a su corredor que coloque la transacción a un precio específico o a uno mejor.

Si desea ingresar o salir de una transacción rápidamente y asegurarse de que realmente suceda, debe utilizar una orden de mercado. Si está de acuerdo con esperar para entrar o salir de una transacción hasta que el precio sea justo, entonces puede usar una orden de límite para asegurarse de obtener el precio que desea.

Capítulo 4:
Proveedores de productos

Los precios de los contratos de futuros suben y bajan con las estaciones del año. Los movimientos parecen fluir en lo que parece ser un ritmo predecible, los precios parecen subir siempre en ciertas épocas del año y bajar en otras. Ya sea que se trate de la temporada de siembra de primavera para productos agrícolas, una baja en vacaciones de verano para las acciones o la demanda de metales preciosos en diciembre, siempre parece haber algo en el calendario que influye en la oferta y la demanda en el mercado.

Este flujo y reflujo de precios ciertamente no es una ciencia exacta, muchos otros factores además de la estacionalidad influirán también en el precio de un contrato de futuros, pero saber cómo avanzan los contratos de futuros que está viendo a través del calendario estacional puede ayudarlo a planificar su año comercial y prepararse para transacciones futuras.

Para ayudarle a tener una visión general de su calendario de transacciones y qué contratos de futuros desee comprar o vender en un momento dado, analizaremos las características de las cuatro estaciones del año: invierno, primavera, verano, otoño.

Proveedores

Antes de pasar a las estaciones, es importante saber quiénes son los principales proveedores de cada producto para que pueda comprender mejor por qué el cambio de estaciones afecta a cada uno.

En la economía global actual, los productos que consumimos pueden provenir de prácticamente cualquier parte del mundo. A menudo escuchamos sobre mega centros económicos como los Estados Unidos, la Unión Europea y China, y empezamos a pensar que todo lo que compramos proviene de esos lugares. Sin embargo, cuando se trata de productos básicos, no siempre es así. Países como Brasil, Argentina, India e incluso Perú son productores dominantes de muchos de los productos que se comercializan en los mercados de futuros globales.

Al pensar en los productores, especialmente en aquellos que producen productos agrícolas, es importante recordar en qué hemisferio se encuentran, ya que eso influirá en los ciclos de los cultivos. Cuando es verano en el hemisferio norte, es invierno en el hemisferio sur y viceversa.

Hemisferio Norte: Es la mitad de la tierra que está al norte del ecuador, que es alrededor del 90% de la población humana total de la tierra.

Hemisferio sur: Es la mitad de la tierra que está al sur del ecuador, que es alrededor del 10% de la población humana total de la tierra.

Veamos los tres principales productores para cada uno de los siguientes productos: energías, metales preciosos, agricultura.

Energía

Petróleo Crudo - Los tres principales productores mundiales de petróleo crudo son los siguientes

1. Rusia
2. Arabia Saudita
3. Estados Unidos

Gas Natural - Los tres principales productores mundiales de gas natural son los siguientes:

1. Rusia

2. Estados Unidos

3. Irán

Metales Preciosos

Oro - Los tres principales productores mundiales de oro son los siguientes:

1. China

2. Australia

3. Rusia

Plata - Los tres principales productores mundiales de plata son los siguientes:

1. México

2. China

3. Perú

Agricultura

Granos de Soja - Los tres principales productores mundiales de granos de soja son los siguientes

1. Estados Unidos

2. Brasil

3. Argentina

Trigo - Los tres principales productores mundiales de trigo son los siguientes:

1. China

2. India

3. Rusia

Maíz - Los tres principales productores mundiales de maíz son los siguientes:

1. Estados Unidos

2. China

3. Brasil

Azúcar - Los tres principales productores mundiales de azúcar son los siguientes:

1. Brasil

2. India

3. China

Café - Los tres principales productores mundiales de café son los siguientes:

1. Brasil

2. Vietnam

3. Colombia

Algodón - Los tres principales productores mundiales de algodón son los siguientes:

1. China

2. India

3. Estados Unidos

Capítulo 5:
Estacionalidad y mercados de Futuros

Ahora que sabe quiénes son los principales productores de cada producto, echemos un vistazo a lo que debería estar viendo en cada estación del año.

Enero Febrero Marzo

Azúcar

El invierno en el hemisferio norte es tiempo de cosecha para la caña de azúcar y la remolacha azucarera. La cosecha de caña de azúcar y remolacha azucarera tiene un impacto notable en la oferta en el mercado. Si es una buena cosecha, la oferta aumentará, lo que debería disminuir el precio del azúcar. Si es una cosecha pobre o débil, la oferta disminuirá, lo que normalmente debería aumentar el precio del azúcar.

Abril Mayo Junio

Petróleo crudo

Los precios del petróleo crudo generalmente comienzan a aumentar en la primavera a medida que los productores de gasolina comienzan a anticipar la bien conocida temporada de manejo de verano en los Estados Unidos.

Maíz

La primavera en el hemisferio norte es tiempo para sembrar maíz. La temporada de siembra de maíz tiene un impacto directo en la oferta en el mercado. Si es una buena temporada de siembra, la oferta aumentará, lo que resultará en una disminución en el precio del maíz. Si es una mala temporada de siembra, la oferta disminuirá, lo que debería aumentar el precio del maíz.

La primavera en el hemisferio sur es tiempo de cosecha para el maíz. La cosecha de maíz tiene un impacto directo en la oferta en el mercado. Si es una buena cosecha, la oferta aumentará, lo que debería disminuir el precio del maíz. Si es una cosecha pobre, la oferta disminuirá, lo que debería aumentar el precio del maíz.

Algodón

La primavera en el hemisferio norte es tiempo de siembra para el algodón. La temporada de siembra de algodón tiene un impacto directo en la oferta en el mercado. Si es una temporada fuerte de siembra, la oferta aumentará, lo que debería disminuir el precio del algodón. Si es una mala temporada, la oferta disminuirá, lo que debería aumentar el precio del algodón.

Granos de Soja

La primavera en el hemisferio norte es tiempo de siembra para la soja. La temporada de siembra de soja tiene un impacto directo en la oferta en el mercado. Si es una temporada productiva de siembra, la oferta aumentará, lo que debería disminuir el precio de la soja. Si es una mala temporada, la oferta disminuirá, lo que debería aumentar el precio de la soja.

La primavera en el hemisferio sur es tiempo de cosecha para la soja. La cosecha de soja tiene un impacto directo en la oferta en el mercado. Si es una buena cosecha, la oferta aumentará, lo que debería disminuir el precio de la soja. Si es una mala cosecha, la oferta disminuirá, lo que debería aumentar el precio de la soja.

Azúcar

La primavera en el hemisferio norte es la época de siembra de la caña de azúcar y la remolacha azucarera. La temporada de siembra de la caña de azúcar y la remolacha azucarera tiene un impacto directo en la oferta en el mercado. Si es una temporada productiva, la oferta aumentará, lo que debería disminuir el precio del azúcar. Si es una mala temporada, la oferta disminuirá, lo que debería aumentar el precio del azúcar.

El otoño en el hemisferio sur es tiempo de cosecha para la caña de azúcar y la remolacha azucarera. La cosecha de caña de azúcar y remolacha azucarera tiene un impacto directo en la oferta en el mercado. Si es una buena cosecha, la oferta aumentará, lo que debería disminuir el precio del azúcar. Si es una mala cosecha, la oferta disminuirá, lo que debería aumentar el precio del azúcar.

Julio Agosto Septiembre

Petróleo Crudo

Los precios del petróleo crudo generalmente son los que más suben durante la temporada de verano, ya que la cantidad de conductores en las carreteras aumenta durante el verano y los productores de combustible para calefacción de invierno están aumentando sus suministros para vender a principios de otoño.

Trigo

El verano en el hemisferio norte es el tiempo de cosecha tradicional para el trigo. La cosecha de trigo tiene un impacto directo en la oferta en el mercado. Si es una buena cosecha, la oferta aumentará, lo que debería disminuir el precio del trigo. Si se trata de una cosecha débil, la oferta disminuirá, lo que normalmente debería aumentar el precio del trigo.

Café

El invierno en el hemisferio sur es tiempo de cosecha para el café. La cosecha de café tiene un claro impacto en la oferta en el mercado. Si es una cosecha fuerte, la oferta aumentará, lo que debería disminuir el precio del café. Si es una mala cosecha, la oferta disminuirá, lo que debería aumentar el precio del café.

Azúcar

El invierno en el hemisferio sur también es tiempo de cosecha para la caña de azúcar y la remolacha azucarera. La cosecha de caña de azúcar y remolacha azucarera tiene un impacto directo en la oferta en el mercado. Si es una cosecha fuerte, la oferta aumentará, lo que debería disminuir el precio del azúcar. Si es una mala cosecha, la oferta disminuirá, lo que debería aumentar el precio del azúcar.

Octubre Noviembre Diciembre

Petróleo Crudo

Los precios del petróleo crudo generalmente disminuyen más durante los meses de otoño a medida que las personas comienzan a conducir menos. Además, las personas tienden a comprar la mayor parte de su combustible para calefacción al comienzo de la temporada, lo que deja menos demanda durante el resto de la temporada.

Trigo

El otoño en el hemisferio norte es tiempo de sembrar trigo. La temporada de siembra de trigo tiene un impacto directo en la oferta en el mercado. Si es una temporada productiva de siembra, la oferta aumentará, lo que debería disminuir el precio del trigo. Si es una mala temporada de siembra, la oferta disminuirá, lo que debería aumentar el precio del trigo.

Maíz

El otoño en el hemisferio norte es tiempo de cosecha para el maíz. La cosecha de maíz tiene un impacto directo en la oferta en el mercado. Si es una buena cosecha, la oferta aumentará, lo que debería disminuir el precio del maíz. Si es una mala cosecha, la oferta disminuirá, lo que debería aumentar el precio del maíz.

Algodón

El otoño en el hemisferio norte es tiempo de cosecha para el algodón. La cosecha de algodón tiene un impacto directo en la oferta en el mercado. Si es una buena cosecha, la oferta aumentará, lo que debería disminuir el precio del algodón. Si es una cosecha débil, la oferta disminuirá, lo que debería aumentar el precio del algodón.

Granos de Soja

El otoño en el hemisferio norte es el tiempo de cosecha para la soja. La cosecha de soja tiene un impacto directo en la oferta en el mercado. Si es una buena cosecha, la oferta aumentará, lo que debería bajar el precio de la soja. Si es una mala cosecha, la oferta caerá, lo que debería aumentar el precio de la soja.

Azúcar

El otoño en el hemisferio norte también es tiempo de cosecha para la caña de azúcar y la remolacha azucarera. La cosecha de caña de azúcar y remolacha azucarera tiene un impacto directo en la oferta en el mercado. Si es una buena cosecha, la oferta aumentará, lo que debería bajar el precio del azúcar. Si es una mala cosecha, la oferta caerá, lo que debería aumentar el precio del azúcar.

La primavera en el hemisferio sur es tiempo de siembra para la caña de azúcar y la remolacha azucarera. La temporada de siembra de la caña de azúcar y la remolacha azucarera tiene un impacto directo en la oferta en el mercado. Si es una temporada productiva de siembra, la oferta aumentará, lo que debería disminuir el precio del azúcar. Si es una mala temporada de siembra, la oferta disminuirá, lo que debería aumentar el precio del azúcar.

Café

La primavera en el hemisferio sur es tiempo de florecer para el café. La temporada de floración del café tiene un impacto directo en la oferta en el mercado. Si es una buena temporada de floración, la oferta aumentará, lo que debería disminuir el precio del café. Si es una mala temporada de floración, la oferta disminuirá, lo que debería aumentar el precio del café.

Capítulo 6:
Mercado de Futuros Usando Múltiples Gráficos Temporales

Los mercados a término en todo el mundo pueden funcionar de manera eficiente porque durante cualquier sesión de negociación, existe un suministro constante de operadores que desean comprar contratos de futuros, mientras que otros quieren venderlos. El deseo de un operador de comprar o vender está influenciado por su estrategia, su objetivo y sus marcos temporales. Los operadores a corto y largo plazo verán cosas dramáticamente diferentes en sus gráficos porque están revisando gráficos muy diferentes. Los operadores a corto plazo probablemente están mirando gráficos de 1 minuto a 15 minutos, mientras que los operadores a largo plazo probablemente estén mirando gráficos diarios, semanales o mensuales.

Las tendencias, las líneas de soporte y resistencia, y los indicadores técnicos se ven muy diferentes en un gráfico de 5 minutos de la forma en que se ven en un gráfico diario. Por ejemplo, puede mirar un gráfico de oro de 5 minutos y ver que el precio parece estar en una tendencia a la baja. Sin embargo, si cambia su configuración a un gráfico diario, puede ver que el precio ha estado en una tendencia en alza durante meses.

Entonces, ¿qué gráfico es exacto? ¿Está el oro en una tendencia alcista o está en una tendencia bajista? La respuesta es que ambos gráficos son correctos. Todo depende de su perspectiva y de su grafico temporal. Si es un operador a corto plazo, debe centrarse en los gráficos y tendencias a corto plazo. Si es un operador a largo plazo, debe centrarse en los gráficos y las tendencias a más largo plazo. Sin embargo, si puede alinear las tendencias a corto plazo y las tendencias a más largo plazo, aumenta las probabilidades de éxito a su favor.

Para tener una idea más completa de qué tendencias y fuerzas de soporte y resistencia están influyendo en los contratos de futuros que está siguiendo, debe analizar los siguientes tres gráficos (Gráficos temporales) en su análisis técnico: Gráfico de tendencias (Gráfico a largo plazo), Gráfico de señales, Grafico de tiempos (Grafico de corto plazo). Una vez que haya analizado cada período de tiempo, puede reunirlos todos para confirmar una buena configuración de probabilidad para una transacción.

Gráfico de Tendencia

El gráfico de tendencias, como su nombre indica, le ayuda a identificar la tendencia dominante con la que debería estar buscando comerciar. Si el precio en el gráfico de tendencias tiene una tendencia al alza, debe buscar comprar el contrato de futuros. Si el precio en el gráfico de tendencias tiene una tendencia a la baja, debe buscar vender el contrato de futuros.

Para identificar el período de tiempo que debe utilizar para su gráfico de tendencias, primero debe identificar el período de tiempo que normalmente utiliza en sus gráficos de señales. Una vez que haya identificado el período de tiempo de su gráfico de señales, debe incluir otro período de tiempo para encontrar el que debe usar en su tabla de tendencias.

La siguiente es una lista de gráficos de tiempo de señales comunes. Úselo para identificar el período de tiempo óptimo para su gráfico de tendencias:

Gráfico de señales de 1-minuto	Gráfico de tendencia 15-minutos a 30-minutos
Gráfico de señales de 5-minutos	Gráfico de tendencia de 1-hora
Gráfico de señales de 15-minutos a 30-minutos	Gráfico de tendencia de 4-horas
Gráfico de señales de 1-hora	Gráfico de tendencia de 1-dia
Gráfico de señales de 1-dia	Gráfico de tendencia de 1-semana
Gráfico de señales de 1-semana	Gráfico de tendencia de 1-mes

Por ejemplo, si normalmente negocia contratos de futuros mirando un gráfico de 1 hora, debe usar un gráfico de 1 día para su gráfico de tendencias. Si normalmente negocia contratos de futuros mirando un gráfico de 15 minutos, debe usar un gráfico de 4 horas para su gráfico de tendencias.

Una vez que haya identificado el período de tiempo que debe usar para su gráfico de tendencias, debe determinar la tendencia general utilizando los niveles de soporte y resistencia o las medias móviles.

Puede ver en el gráfico semanal del dólar australiano que el nivel de soporte diagonal indica que este contrato de futuros está en una tendencia a la alza.

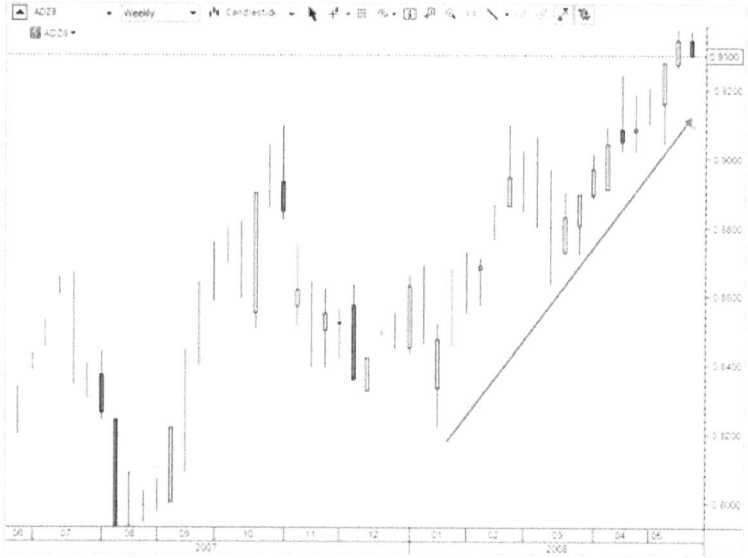

Figura 1 – Grafico de Tendencias

Si hay una tendencia a la alza en su gráfico de tendencias, debe buscar señales de entrada de compra en su gráfico de señales. Si hay una tendencia a la baja en su gráfico de tendencias, debe buscar señales de venta en su gráfico de señales. Una vez que haya identificado la tendencia, necesita identificar señales de transacciones rentables.

Uno de los muchos beneficios que disfrutará al usar varios gráficos temporales en sus transacciones es que verá el mercado de futuros desde las diferentes perspectivas de varios tipos de operadores. Al observar los gráficos a corto y largo plazo, estará más consciente de a qué prestan atención los operadores tanto a corto como a largo plazo. Esto ayudará a evitar que lo sorprendan con cualquier movimiento repentino de precios.

Gráfico de Señales

El gráfico de señales es su gráfico más importante. Proporciona las señales de transacciones de entrada que le indican cuándo buscar oportunidades de compra y venta basadas en la estrategia de negociación que utiliza. Por ejemplo, si normalmente usa el índice de canales de productos (CCI) para ayudarlo a identificar las señales de transacciones, lo usará aquí en el gráfico de señales. No tiene que usar el indicador en el gráfico de tendencias o en el gráfico de tiempos (**ver figura 2**)

Figura 2 – Grafico de Señales

El uso de un gráfico de señales junto con un gráfico de tendencias le permite identificar con mayor precisión las señales de transacciones potencialmente rentables. Por ejemplo, si su gráfico de tendencias muestra que el precio está en una tendencia a la alza, solo debe buscar señales de compra en su gráfico de señales. La mejor manera de aprovechar una tendencia a la alza a largo plazo es comprar los contratos de futuros. Si su gráfico de tendencias muestra que el precio está en una tendencia a la baja, entonces debería buscar señales de venta en su gráfico de señales. La mejor manera de aprovechar una tendencia a la baja a largo plazo es vender los contratos de futuros.

En efecto, el gráfico de tendencias le permite ignorar la mitad menos rentable de las señales de transacciones que ve en su gráfico de señales. Dado que estas señales de transacciones van en contra de la tendencia a largo plazo, lo más probable es que no tengan éxito.

Ahora que sabe identificar las señales de transacciones, deberá determinar exactamente cuándo debe ingresar y salir de sus transacciones utilizando su gráfico de tiempos.

Gráfico de Tiempos

El grafico de tiempo, como su nombre lo indica, le ayuda a calcular exactamente cuándo debe ingresar y salir de una transacción. Cada tic cuenta cuando trata con negocios de futuros, por lo que, cuanto más exactamente pueda identificar sus puntos de entrada y salida, más dinero deberá conservar en su cuenta.

La siguiente es una lista de gráficos de tiempos comunes. Úsela para identificar el período de tiempo más apropiado:

Gráfico de señales de 1-minuto	1 Tic de Grafico de tiempos
Gráfico de señales de 5-minutos	Gráfico de tiempos de 1-minuto
Gráfico de señales de 15-minutos a 30-minutos	Gráfico de tiempos de 5-minutos
Gráfico de señales de 1-hora	Gráfico de tiempos de 15-minutos
Gráfico de señales de 1-dia	Gráfico de tiempos de 1-hora
Gráfico de señales de 1-semana	Gráfico de tiempos de 1-dia
Gráfico de señales de 1-mes	Gráfico de tiempos de 1-semana

Puede usar uno de los dos métodos siguientes al ubicar las señales de entrada y salida en sus gráficos de tiempo:

1. Identificando la tendencia, los niveles de soporte y resistencia.

2. Utilizando el mismo indicador técnico que utiliza para generar sus señales de Transacciones.

Identificar la tendencia, soporte y resistencia. - Si ve una entrada de compra en su gráfico de señales, se espera que el precio estará en una tendencia a la alza en el gráfico de tiempos. También espere ver que el precio de los contratos de futuros esté más cerca del soporte que de la resistencia. Esto le indica que los contratos de futuros tienen espacio para moverse hacia arriba antes de encontrar la resistencia. Tenga en cuenta que si el contrato acaba de romperse a través de la resistencia, continuara moviéndose hacia arriba.

Utilizando un indicador técnico - Si usa un indicador técnico, por ejemplo, el índice de canal de productos (CCI) en su gráfico de señales para generar señales de transacciones, puede usar ese mismo indicador en su gráfico de tiempos para ayudarlo a saber cuándo entrar o salir de su transacción.

Por ejemplo, si usó el CCI en su tabla de señales, y le dio una señal de compra, agregue el CCI a su gráfico de tiempos y asegúrese de que también le dé una señal de compra en el gráfico de tiempos. Si el CCI no está dando una señal de compra en el gráfico de tiempo, debe esperar hasta que le dé una señal de compra antes de ingresar a la transacción (**ver Figura 3**).

Figura 3 – Grafico de Tiempos

Configuración con Alta Probabilidad para Transacciones

Echemos un vistazo a cómo se ve una configuración con alta probabilidad utilizando un enfoque con múltiples gráficos temporales. Veremos un ejemplo de petróleo crudo utilizando un gráfico semanal como gráfico de tendencias, un gráfico diario como gráfico de señales y un gráfico de 1 hora como gráfico de tiempos.

Primero debe mirar el gráfico de tendencias para identificar en qué dirección tiende el producto. Como se puede ver en el gráfico semanal, el precio ha estado en una tendencia a la alza desde hace algún tiempo (**ver Figura 4**). Sería imprudente ir en contra de esta tendencia e intentar vender el contrato de futuros.

Figura 4 – Grafico de Tendencia (Configuración con alta probabilidad)

A continuación, debe mirar la tabla de señales para identificar una señal de compra adecuada. En este ejemplo, estamos usando el índice de canal de productos (CCI) para generar la señal de compra. Se puede ver en el gráfico diario de que el CCI dio una señal de compra el 4 de mayo cuando cruzó desde menos de -100 a más de -100. El precio del contrato de futuros también tuvo una tendencia a la alza al mismo tiempo (**ver Figura 5**).

Figura 5 – Grafico de Señales (Configuración con alta probabilidad)

Finalmente, debe mirar el grafico de tiempos para identificar el momento adecuado para comprar. Puede ver en el gráfico de 1 hora que el precio tiende a ser más alto y a encontrar soporte a lo largo de un nivel con tendencia hacia arriba (**ver Figura 6**).

Figura 6 – Grafico de Tiempos (Configuración con alta probabilidad)

Cuando vea que la señal de transacción generada en el gráfico de señales se corresponde con la tendencia en el gráfico de tendencias y el movimiento de precios en el gráfico de tiempo, puede estar seguro de que su transacción tiene una buena posibilidad de ser rentable.

El uso de varios gráficos temporales le proporciona información más precisa. Una mejor información generalmente conduce a mejores transacciones. Mejores transacciones conducen a más ganancias y eso conduce a hacerlo mas feliz.

Capítulo 7:
Análisis del Intermarket

El mercado de futuros es el mercado global financiero más diverso. Si bien ningún otro mercado financiero puede compararse con la diversidad del mercado de futuros, otros mercados financieros tienen un impacto en el mercado de futuros. Por ejemplo, el mercado de bonos de EE. UU. Puede influir en el valor del contrato de futuros del Índice del Dólar de EE. UU., Así como el yen japonés puede afectar el valor del contrato de futuros del Nikkei 225 Index.

Para ser exitoso en los mercados de futuros, deberá reconocer las relaciones que existen entre los mercados financieros del mundo y comprender cómo estas relaciones pueden afectar los contratos de futuros que está negociando.

A veces, puede recibir una temprana advertencia de lo que sucederá en el mercado de futuros observando lo que está sucediendo actualmente en otros mercados financieros. Por ejemplo, si ve que el valor del par de divisas AUD / USD aumenta rápidamente, puede buscar un aumento correspondiente en el valor del contrato de futuros de oro. Una vez que sepa qué buscar, puede aprovechar las mismas correlaciones que observan los grandes inversionistas institucionales. En esta sección nos centraremos en cómo los siguientes mercados afectan el mercado de futuros: divisas, bonos, acciones.

El Mercado de Divisas y el mercado de futuros

El aumento de la demanda mundial de productos ha unido al mercado de futuros y al mercado de divisas. Prácticamente todos los países del mundo tienen que importar algunos de los productos que consume. Para comprar estos productos, los importadores generalmente deben cambiar su moneda por la moneda del país desde el cual están importando sus productos. Esta transacción eleva la demanda de la moneda del exportador, con un aumento correspondiente en el valor de esa moneda. Esta transacción también hace que el suministro de la moneda del importador sea más alto y, por lo tanto, el valor de esa moneda disminuya.

Tres de las principales monedas: el dólar canadiense (CAD), el dólar australiano (AUD) y el dólar neozelandés (NZD) están estrechamente relacionados e influenciados por los valores de los productos porque son los principales exportadores de productos básicos. A medida que el precio de las materias primas aumenta, el valor de estas monedas aumenta también. A medida que el precio de los productos básicos cae, el valor de estas monedas cae con ellos.

Cada una de estas monedas de productos básicos, como se conocen entre los traders de divisas, está correlacionada con un producto diferente. Por ejemplo, los contratos del oro están altamente correlacionados con el dólar australiano. A medida que el precio del dólar australiano aumenta, el valor de los contratos del oro también. A medida que el precio del dólar australiano cae, el valor también cae. Si bien esta correlación no es perfecta, vale la pena prestarle atención.

Los traders de futuros también pueden comprar y vender contratos de futuros que representan directamente las monedas en sí. Puede comprar el contrato de futuros para el dólar canadiense si cree que esta moneda va a aumentar en valor. O bien, puede vender el contrato de futuros para el yen japonés si cree que esta moneda va a disminuir en valor. Prestar atención a lo que está sucediendo en el mercado de divisas durante las sesiones de negociación podría conducirlo a mayores ganancias en sus transacciones de futuros.

El Mercado de Bonos y el mercado de futuros

El mercado global de bonos es el segundo mercado financiero más grande del mundo. Gobiernos, instituciones e inversionistas individuales participan activamente en él. Cada uno de estos participantes del mercado está buscando lo mismo, un rendimiento rentable de su inversión.

Los bonos del gobierno constituyen el mayor porcentaje del mercado global de bonos. Estos bonos generalmente se consideran inversiones libres de riesgo porque están respaldados por la buena voluntad y la fe de los gobiernos nacionales. Sin embargo no todos los bonos del gobierno son creados de la misma forma o alcanzan la igualdad. Algunos gobiernos pagan una tasa de interés más alta por sus bonos que otros. Los inversionistas internacionales tienen en cuenta estas tasas de interés cuando deciden dónde invertir su dinero. Normalmente, los bonos con tasas de interés más altas son más atractivos para los inversionistas, siempre y cuando las economías que los respaldan sean relativamente estables.

Los inversionistas que desean comprar bonos del gobierno deben comprar estos bonos con la moneda del gobierno en cuestión. Si los inversionistas internacionales desean comprar bonos del gobierno de los Estados Unidos, primero deben cambiar sus monedas por dólares estadounidenses. Este aumento de la demanda de dólares estadounidenses eleva el valor del contrato de futuros del índice del dólar estadounidense. Al mismo tiempo, el aumento de la oferta de algunas monedas internacionales en el mercado reduce el valor de los contratos de futuros para esas monedas.

Saber qué gobiernos ofrecen tasas de interés más altas en sus bonos, y también qué bonos están ganando popularidad entre los inversionistas internacionales, lo ayudarán a identificar qué contratos de futuros de moneda comprar y cuales vender. Afortunadamente para los traders, el mercado internacional de bonos rara vez cambia de dirección instantáneamente. En su lugar, realiza un ciclo de tendencias a largo plazo y bastante predecibles del cual se puede sacar provecho.

También puede negociar contratos de futuros sobre los propios bonos del gobierno. Si ve que la demanda de bonos japoneses o suizos está aumentando, puede comprar el contrato de futuros para cualquiera de estos dos bonos.

El Mercado de Valores y el mercado de futuros

Los inversionistas individuales de todo el mundo parecen vigilar las acciones más de cerca que cualquier otro mercado. Las acciones son emocionantes, han existido por un tiempo y la mayoría de los inversionistas individuales pueden relacionarse con las compañías en las que están comprando acciones. Cuando las acciones tienen un buen desempeño, el dinero de todo el mundo fluye para comprar las acciones más populares. Cuando las acciones tienen un bajo rendimiento, el dinero fluye a medida que los inversionistas internacionales venden sus acciones.

Los inversionistas de futuros pueden aprovechar los aumentos y disminuciones generales en los mercados bursátiles de todo el mundo invirtiendo o negociando en el contrato de futuros que representa los índices de los principales mercados bursátiles mundiales. Por ejemplo, para aprovechar un mercado de valores en aumento en Francia, un inversionista de futuros puede comprar el contrato de futuros para el CAC 40. Del mismo modo, para aprovechar un mercado en baja en el Reino Unido, un inversionista de futuros puede vender el contrato de futuros para el El FTSE 100.

La globalización también ha facilitado que los inversionistas de un país inviertan en los mercados de valores de otros países. Si los inversionistas ven que las acciones en el Reino Unido están marchando bien, buscarán comprar esas acciones. Si ven que las acciones en Japón están comenzando a superar a las acciones en Europa, pueden redirigir su dinero fuera del Reino Unido y colocarlo en Japón con la esperanza de obtener mayores tasas de rendimiento de sus inversiones.

Las acciones se cotizan en la moneda local. Para invertir en acciones en el Reino Unido, los inversionistas extranjeros deben primero cambiar su monedas a libras esterlinas. Esta mayor demanda de libras esterlinas eleva el valor de los contratos de futuros de dicha moneda. A medida que esto ocurre, el incremento por la oferta de divisas internacionales en el mercado, una oferta que es desproporcionada con respecto a la demanda, hace que el valor de los contratos de futuros para estas divisas sea menor.

Los inversionistas de futuros vigilan de cerca cómo se comportan los mercados de valores en los principales países. Si el mercado de valores en un país comienza a superar al mercado de valores de otro país, los futuros inversionistas saben que es probable que otros inversionistas consideren trasladar su dinero del país con el mercado de valores más débil al país con el mercado de valores más fuerte. Esto aumentará el valor del contrato de futuros que representa la moneda del país con el mercado de valores más sólido. Y, mientras tanto, el valor del contrato de futuros que representa la moneda del país con el mercado de valores más débil bajará. Al comprar el contrato de futuros para la divisa del país con el mercado de valores más sólido y al vender el contrato de futuros para la divisa del país con el mercado de valores más débil, es posible que obtenga una muy buena ganancia.

Capítulo 8:
Estrategias de Spread

Los traders de futuros no se limitan a simplemente comprar y vender un contrato de futuros a la vez para aprovechar los movimientos de precios en el mercado. Tienen la capacidad de comprar y vender contratos de compensación en lo que se conoce como una transacción Spread.

El Spread toma diversas formas, pero todos tienen dos cosas en común:

1. Proporcionan una cobertura contra el movimiento adverso de los precios.

2. Están diseñados para aprovechar los cambios en las relaciones de precios entre dos contratos de futuros.

Los Spreads brindan una cobertura contra el movimiento adverso de los precios porque al mismo tiempo compra y vende contratos de futuros cuando ingresa una cobertura. A medida que el valor de un contrato aumenta, el valor del otro contrato disminuye. Por ejemplo, si incurre en pérdidas en el contrato de futuros que compró como parte del Spread, puede compensarlo parcialmente con las ganancias que obtendrá en el contrato que vendió como parte del Spread. Por el contrario, si incurre en pérdidas en el contrato de futuros que vendió como parte del Spread, puede compensarlo parcialmente con las ganancias que obtendrá en el contrato que compró como parte del Spread.

Los Spread aprovechan los cambios en las relaciones de precios. Por ejemplo, ve contratos de futuros de petróleo crudo cotizando en una bolsa por $ 99 por barril y otros en otra bolsa por $ 100 por barril.

Puede ingresar a esa transacción de Spread comprando el contrato de futuros de crudo que se negociaba a $ 99 por barril y vendiendo el contrato de futuros de crudo que cotizaba a $ 100 por barril. Si los dos precios finalmente convergen, obtendrá una ganancia.

En esta sección nos centraremos en los siguientes tres tipos de Spread: Spreads de inter-entrega, Spreads de inter-productos, Spreads de inter-comercios

Spreads Inter-entrega

Un Spread inter-entrega es aquel en el que un trader compra un contrato de futuros con un mes de entrega determinado y, al mismo tiempo, vende el mismo contrato de futuros con un mes de entrega diferente en la misma transacción. Aquí tiene un ejemplo:

Contratos de Futuro:	Igual
Entrega (Vencimiento) mes:	Diferente
Transaccion:	igual

Los Spreads inter-entrega también se conocen como Spreads inter-mercado o Spreads de calendario.

Por ejemplo, si desea comprar el contrato de trigo de julio en Chicago (cotizado en la Junta de Comercio de Chicago o CBOT) porque cree que los precios subirán a corto plazo, pero desea cubrir parte de su exposición a la posible baja de precios. Puede lograr esto comprando el contrato de trigo de julio y al mismo tiempo vendiendo el contrato de trigo de septiembre. Si el precio del trigo aumenta a corto plazo, el precio del contrato de trigo de julio probablemente aumentará más rápido que el precio del contrato de trigo de septiembre, lo que hará que gane más dinero en el contrato de julio del que perderá en el contrato de septiembre. Sin embargo, si el precio del trigo disminuye a corto plazo, es probable que el precio del contrato de trigo de julio también disminuya más rápido que el precio del contrato de trigo de septiembre, causando que pierda algo de dinero en el contrato de julio, pero le permita compensar algunas de sus pérdidas con sus ganancias del contrato de septiembre.

Los traders dividen los Spreads inter-entrega en dos categorías: Spreads alcistas y Spreads bajista. Un Spread alcista es un Spread de inter-entregas en el que compra el contrato cercano (el contrato que vencerá lo más pronto posible) y vende el contrato diferido (el contrato que vencerá de último). Los traders utilizan Spreads alcistas cuando creen que los precios aumentarán a corto plazo.

El ejemplo anterior de comprar el contrato de trigo de julio y vender el de septiembre es un buen ejemplo de un Spread alcista.

Un spread bajista es un spread inter-entrega donde vende el contrato cercano y compra el contrato del mes posterior. Los traders utilizan los spreads bajistas cuando creen que los precios van a disminuir a corto plazo.

Por ejemplo, si desea vender el contrato de trigo de julio porque cree que los precios bajarán a corto plazo pero desea cubrir parte de su exposición al alza de precios. Puede lograr esto vendiendo el contrato de trigo de julio y al mismo tiempo comprando el contrato de trigo de septiembre. Si el precio del trigo disminuye a corto plazo, entonces el precio del contrato de trigo de julio probablemente disminuirá más rápido que el precio del contrato de trigo de septiembre, lo que hará que gane más dinero en el contrato de julio del que perderá con el contrato de septiembre. Por otro lado, si el precio del trigo aumenta a corto plazo, entonces el precio del contrato de trigo de julio también probablemente aumentará más rápido que el precio del contrato de trigo de septiembre, lo que le hará perder dinero en el contrato de julio, pero le permitirá compensar algunas de esas pérdidas por sus ganancias con el contrato de septiembre.

Spreads de Inter-productos

Un Spreads de inter-productos es un Spread en el cual un trader compra un contrato de futuros con un determinado mes de entrega y, al mismo tiempo, vende un contrato de futuros diferente, pero relacionado, con el mismo mes de entrega en la misma transacción. Aquí tiene un ejemplo:

                Contratos de Futuro: Diferente

                Entrega (Vencimiento) Mes: Igual

                Transaccion: Igual

Imagínese nuevamente que desea comprar el contrato de trigo de julio en Chicago porque cree que los precios subirán a corto plazo, pero desea cubrir parte de su exposición a la baja de precios Sin embargo, actualmente no ve ninguna ventaja de precio al utilizar un Spread inter-entrega. En su lugar, decide utilizar un Spreads de inter-productos y cubrir el riesgo que corre (como consecuencia de comprar un contrato de trigo de julio) mediante la venta de un contrato de maíz de julio en Chicago.

El trigo y el maíz son dos productos diferentes, pero están relacionados. Ambos tienen temporadas de crecimiento relativamente similares, ambos son granos y ambos son importantes en el suministro mundial de alimentos. Ahora, sin embargo, cree que el precio del trigo aumentará más rápido que el precio del maíz. Para aprovechar esta diferencia de precios, decide comprar el contrato de trigo de julio y vender el contrato de maíz de julio. Si el precio del trigo aumenta más rápido a corto plazo que el precio del maíz, el precio del contrato de trigo de julio probablemente aumentará más rápido que el precio del contrato de maíz de julio, lo que le permite ganar más dinero en el contrato de trigo de julio que lo que perdería en el contrato de maíz de julio. Por otro lado, si el precio del trigo disminuye más rápido a corto plazo que el precio del maíz, el precio del contrato de trigo de julio probablemente también disminuirá más rápido que el precio del contrato de maíz de julio, lo que hará que pierda dinero en el contrato de trigo de julio, pero le permitirá compensar algunas pérdidas con sus ganancias en el contrato de maíz de julio.

Spreads de Inter-comercios

Un Spread de inter-comercio es un Spread en el que un trader compra un contrato de futuros con un mes de entrega establecido y, al mismo tiempo, vende el mismo contrato de futuros con el mismo mes de entrega en una transacción diferente. Aquí tiene un ejemplo:

Contratos de Futuro:	Igual
Entrega (Vencimiento) Mes:	Igual
Transaccion:	Diferente

Los Spreads de inter-comercios también se denominan a veces como Spreads de inter-mercados. Imagine que desea comprar el contrato de trigo de julio en Chicago porque cree que los precios aumentarán a corto plazo, pero que también desea cubrir parte de su exposición a la baja de precios. Sin embargo, en lugar de cubrirse mediante un Spread Inter-entrega o un Spread de inter-productos, decide utilizar un Spread de inter-comercio al cubrir su contrato a largo plazo de trigo de julio en Chicago con un contrato a corto plazo de trigo de julio en Kansas City (negociado en la Cámara de Comercio de Kansas City).

El trigo de Chicago y el trigo de Kansas City son bastante similares. Si un contrato se negocia a un precio mayor que otro contrato, puede comprar el contrato que se negocia al precio más bajo y vender el contrato que se negocia al precio más alto. Al hacerlo, está comprando bajo y vendiendo alto. Si los dos precios finalmente convergen una vez más, obtendrá una ganancia.

Capítulo 9:
Diversificación

La diversificación es la práctica de distribuir sus fondos en una amplia gama de inversiones no relacionadas. Al igual que un entrenador de fútbol coloca estratégicamente a sus jugadores en el campo para aprovechar los cambios en el juego y explotar las debilidades del oponente, debe buscar colocar estratégicamente su dinero en el mercado de futuros para estar preparado para beneficiarse de cualquier sector del mercado que pueda comenzar a moverse.

La diversificación le puede ayudar a proteger su cuenta bancaria de pérdidas repentinas y profundas. Digamos que si tomara todo su dinero y comprara contratos de futuros sobre petróleo crudo solo para ver cómo el precio del petróleo cambia y cae en picado en un solo día. No se necesitaría un movimiento demasiado grande para acabar con toda su cuenta. Ahora imagine que tomara parte de su dinero y comprara algunos contratos de futuros sobre petróleo crudo, maíz, S&P 500 y algunos contratos de futuros sobre oro. Incluso si el precio del petróleo cayera dramáticamente causando que pierda dinero en esa transacción, todavía tendría otras tres transacciones que no se vieron afectadas por el cambio en el precio del petróleo.

Obviamente, no debe invertir en contratos de futuros aleatorios solo para diversificar su cuenta. Siempre debe creer que la transacción que está realizando tiene el potencial de ser un negocio rentable y buscar distribuir su riesgo en múltiples transacciones atractivas.

La diversificación viene en diferentes formas y tamaños. En esta sección, analizaremos dos formas de diversificar su cuenta de manera rentable: Diversificación de productos y Diversificación de estrategias.

Diversificación de Productos

Quizás la forma más obvia y directa de diversificación es la diversificación entre varios productos. Como se mencionó, hay pocas posibilidades de que pierda dinero en un contrato de petróleo crudo, uno de maíz, uno de S&P 500 y de oro al mismo tiempo. Estos contratos de futuros no son afectados por las mismas fuerzas del mercado. Por el contrario, algunos contratos de futuros están estrechamente relacionados. Y si solo invierte en contratos de futuros estrechamente relacionados, podría perder dinero en cada contrato. Por ejemplo, el petróleo crudo y el gas natural están estrechamente relacionados, el maíz y el trigo están estrechamente relacionados, el S&P 500 y el FTSE 100 están estrechamente relacionados y el oro y la plata están estrechamente relacionados.

Los traders que logran una óptima diversificación de los productos buscan expandir sus transacciones entre los diversos sectores de futuros. Para revisar, los siguientes sectores comprenden la categoría de futuros de productos:

- Agricultura
- Metales Básicos
- Energías
- Carnes
- Metales Preciosos
- Productos blandos

Los siguientes sectores comprenden la categoría de Futuros financieros:

- Bonos
- Monedas

- Tasas de interés a corto plazo
- Índices bursátiles

Para ponerlo en perspectiva, tiene muchos sectores de futuros para elegir cuando se es un trader de futuros. No necesita limitarse a solo uno o dos sectores. Puede negociar un contrato en el sector de productos blandos, el sector de bonos, el sector de energías y el sector agrícola y diversificar su riesgo.

Naturalmente, debe realizar un análisis exhaustivo antes de realizar cualquier transacción. Recuerde, no debe diversificar entre contratos de forma aleatorios solo por el bien de la diversidad. Siempre debe tener una razón para comprar o vender un contrato específico.

Si recién está comenzando con el comercio de futuros, puede tomar un tiempo antes de que se sienta cómodo con los contratos comerciales de todos los sectores de futuros, y eso está bien. No hay presión para comerciar todo, y la especialización a menudo es mejor al principio.

Estrategia de Diversificación

La diversificación no solo se refiere a qué contratos de futuros elige comprar y vender, sino también a cómo decide comprar o vender dichos contratos. La estrategia de diversificación puede ser tan importante para su éxito general como trader de futuros como la diversificación de productos.

Ha aprendido muchas estrategias comerciales diferentes a lo largo de este libro. Ha aprendido sobre el comercio con patrones de precios, el comercio con indicadores técnicos y el comercio de diversas estrategias de distribución. Ahora es el momento de comenzar a utilizar estas diversas estrategias.

Por ejemplo, si está buscando en los diferentes sectores del mercado porque quiere mantener una buena cantidad de diversificación de productos y observa que los contratos de futuros en uno de los sectores (por ejemplo, metales preciosos) se están moviendo de lado mientras que los contratos de futuros en uno de los otros sectores del mercado (por ejemplo, las energías) se está moviendo hacia arriba en una fuerte tendencia alcista. Ciertamente, podría diversificar su cuenta y comprar algunos contratos en los sectores de metales preciosos y en el sector de las energías y lograr un alto nivel de diversificación de materias primas, pero ¿es esa realmente la forma más efectiva de implementar su dinero en estas transacciones?

Comprar los contratos en el sector de la energía es probablemente una buena idea, ya que esos contratos están actualmente en alza. Sin embargo, comprar los contratos en los sectores de metales preciosos parece una pérdida de tiempo porque esos contratos se están moviendo hacia los lados. Quizás un uso más efectivo de su dinero sería implementar una estrategia de distribución, que aproveche los contratos de futuros que se están moviendo hacia los lados. Al hacerlo, no solo se aseguraría de lograr el nivel deseado de diversificación de productos, sino que también se aseguraría de utilizar la estrategia comercial adecuada para lo que el mercado le brinda. Trate de tomar aspectos de este enfoque con sus transacciones de futuros. Si encuentras que una estrategia no funciona, pruebe con otra. Solo está limitado por su imaginación y su disposición para ser creativo.

Al final, si puede diversificar sus transacciones a través de múltiples contratos de futuros e implementar algunas estrategias comerciales diferentes para aprovechar cualquier circunstancia que el mercado le está ofreciendo, descubrirá que está en camino de convertirse en un trader de futuros exitoso.

Capítulo 10:
Fondos de inversiones cotizados

Los fondos de inversión cotizados (ETF) son fondos que se negocian en las bolsas de valores. Si bien no son fondos mutuos, ofrecen todos los beneficios de la diversificación que disfrutaría al negociar un fondo mutuo. Los ETF también disfrutan de todos los beneficios de la liquidez que tiene al negociar acciones individuales. En términos simples, los ETF son fondos que se negocian como una acción.

Los ETF ofrecen una diversificación instantánea porque, cuando compra un ETF, compra una parte de un fondo que incorpora múltiples activos. Los ETF son como un gran grupo de activos en el que los gestores de fondos colocan diversos activos, como acciones, bonos y productos. Cuando compra un ETF, compra la propiedad mayorista de la agrupación y sus contenidos en conjunto, no la propiedad parcial de los contenidos individuales.

Puede ganar dinero con un ETF. A medida que aumenta el valor de los activos dentro de la agrupación, también lo hace el valor global de la agrupación. De forma contraria, a medida que el valor de los activos dentro de la agrupación disminuye, también lo hace el valor global de la agrupación. En otras palabras, a medida que los activos dentro de un ETF aumentan en valor, el valor del ETF aumenta, y a medida que los activos dentro de un ETF disminuyen en valor, el valor del ETF disminuye.

Diversificación Instantánea

Los ETF le brindan la capacidad de poseer simultáneamente múltiples activos sin tener que comprar cada activo de forma individual. Imagine, por ejemplo, los costos de negociación que se acumularían y el capital que necesitaría tener en su cuenta si tuviera que comprar cada acción dentro del S&P 500 individualmente.

La diversificación también puede ayudar a protegerlo de riesgos no sistemáticos. Por ejemplo, si posee solo una de las acciones en el Nikkei 225 Index, y esa acción pierde valor, perderá dinero en su inversión. Sin embargo, si posee todo el Nikkei 225 Index a través de un ETF, y esa misma participación disminuye, tiene otras 224 acciones a su disposición que probablemente aseguren que el valor de todo el índice se mantenga estable o suba.

Muchos de los ETF más populares rastrean los índices del mercado. Los siguientes son sólo algunos ejemplos:

S&P 500

Dow Jones Industrial Average

FTSE 100

DAX Index

Nikkei 225

FTSE/Xinhua China 25 Index

NASDAQ 100

CAC 40 Index

Muchos ETF también rastrean varios sectores del mercado como los siguientes:

Tecnología de Información

Energías

Materiales

Acciones industriales

Telecomunicaciones

Utilidades

Cuidado de la salud

Finanzas

Comercio en el Mercado Abierto

Los ETF se negocian libremente en las bolsas de valores, al igual que las acciones ordinarias. Siempre y cuando las bolsas en las que se negocian los ETF estén abiertas, se puede comprar o vender cualquier ETF. Esta es una ventaja sobre los fondos mutuos.

En general, los fondos mutuos solo se negocian al final del día del mercado una vez que se pueden valorar todos los activos dentro de los fondos. En ese momento, a los fondos se les asigna un valor de cierre para el día, y puede comprar o vender los fondos al valor de cierre. Desafortunadamente, durante los días de negociación, cuando los activos dentro de los fondos pierden valor, debe conservar los fondos hasta el final del día, independientemente del valor que pierdan los fondos. Para concluir, ya sea que vea que el valor de un ETF aumenta o disminuye durante el día de negociación, puede comprar o vender el ETF para aprovechar ese movimiento de precios.

Puede proteger sus operaciones de ETF estableciendo órdenes para detener perdidas. Debido a que los ETF se negocian libremente, puede establecer dichas órdenes para que pueden sacarlo de sus transacciones durante el día cuando se alcance el precio ya preestablecido. Si estuviera negociando fondos mutuos para obtener diversificación, no tendría esta capacidad porque solo puede comprar o vender fondos mutuos al final del día de negociación después de que los mercados hayan cerrado. Por lo tanto, no importa si su precio de activación se vio afectado durante el día porque no podría salir de la transacción.

Órdenes para Detener Perdidas

Las órdenes para detener perdidas le permiten implementar medidas de gestión de riesgos adecuadas en su cuenta. En consecuencia, puede proteger simultáneamente su capital de inversión mediante órdenes de diversificación y de detención de pérdidas.

Tarifas más bajas

Cuando le da su dinero a un manager para que invierta, generalmente tiene que pagarle una tarifa. Por lo general, cuanto más activo es el rol que desempeña el manager en las decisiones de inversión, mayor será la tarifa que deberá pagar. Los ETF generalmente tienen tarifas más bajas porque se administran de forma pasiva, a diferencia de muchos fondos, incluidos los fondos mutuos que se administran activamente.

Muchos ETF rastrean un índice específico, sector de mercado y así sucesivamente. Debido a que la composición de la mayoría de los índices bursátiles y de los sectores de acciones apenas cambia, los managers de la mayoría de los ETF no necesitan cambiar los valores dentro del fondo. En consecuencia, debido a que estos managers no desempeñan un papel tan activo, cobran una tarifa más baja.

La mayoría de los manager de fondos mutuos, por otro lado, toman decisiones diarias sobre qué activos van a agregar a su portafolio, qué activos van a mantener y qué activos van a retirar. Esta gestión activa y las tarifas comerciales que produce aumentan las tarifas que los managers cobran a sus clientes.

Conclusion

Gracias por llegar hasta el final de Estrategias Con Futuros. Esperemos que haya sido informativo y capaz de proporcionarle el primer conjunto de herramientas que necesita para lograr sus objetivos de negociación utilizando futuros y ganar dinero con ellos.

El siguiente paso es poner a prueba sus habilidades en el comercio y aumentar su capital de riesgo para que pueda realizar transacciones adicionales. Esto le dará la motivación que necesita para tener éxito.

Tengo otros libros sobre diferentes aspectos del comercio y clases de activos ¡Por favor revíselos!

Perfil del Autor

Wayne Walker es el director de una empresa global de educación y consultoría de mercados de capital (gcmsonline.info). Tiene varios años de experiencia en dirigir y entrenar equipos de asesores de inversión y ha administrado equipos de alto rendimiento en el grupo de clientes privados de Bench Mark Earnings (BME).

www.ingramcontent.com/pod-product-compliance
Lightning Source LLC
Chambersburg PA
CBHW070939220526
45469CB00007B/2448